JE DÉCOUVRE MA COMMUNAUTÉ

Alicia Rodriguez

LE RESTAURANT

Un livre de la collection Les racines de Crabtree

CRABTREE
Publishing Company
www.crabtreebooks.com

Soutien de l'école à la maison pour les parents, les gardiens et les enseignants

Ce livre aide les enfants à se développer grâce à la pratique de la lecture. Voici quelques exemples de questions pour aider le lecteur ou la lectrice à développer ses capacités de compréhension. Les suggestions de réponses sont indiquées en rouge.

Avant la lecture

- De quoi ce livre parle-t-il?
    - *Je pense que ce livre parle de ce que je peux voir dans un restaurant.*
    - *Je pense que ce livre explique ce qu'est un restaurant.*

- Qu'est-ce que je veux apprendre sur ce sujet?
    - *Je veux savoir qui travaille dans un restaurant.*
    - *Je veux savoir à quoi ressemble un restaurant.*

Pendant la lecture

- Je me demande pourquoi...
    - *Je me demande pourquoi l'hôtesse conduit les gens à leur table.*
    - *Je me demande pourquoi les débarrasseurs prennent la vaisselle sale.*

- Qu'est-ce que j'ai appris jusqu'à présent?
    - *J'ai appris que les serveurs prennent les commandes.*
    - *J'ai appris que les plongeurs lavent la vaisselle.*

Après la lecture

- Nomme quelques détails que tu as retenus.
    - *J'ai appris qu'il y a plusieurs types d'emplois dans un restaurant.*
    - *J'ai appris que les chefs préparent les repas.*

- Lis le livre à nouveau et cherche les mots de vocabulaire.
    - *Je vois le mot* ***restaurant*** *à la page 3 et le mot* ***serveur*** *à la page 7. Les autres mots de vocabulaire se trouvent à la page 14.*

Nous pouvons manger dans un **restaurant**.

L'**hôtesse** nous conduit à notre table.

Le **serveur** prend notre commande.

La **cheffe** prépare notre repas.

Le **débarrasseur** prend la vaisselle sale.

Le **plongeur** lave
la vaisselle.

Nous payons notre repas quand nous avons terminé.

Online
USD 53.28

Liste de mots

Mots courants

à
avons
conduit
dans
lave
le
manger
notre
nous
pouvons
prend
table

La boîte à mots

cheffe

débarrasseur

hôtesse

plongeur

restaurant

serveur

41 mots

Nous pouvons manger dans un **restaurant**.

L'**hôtesse** nous conduit à notre table.

Le **serveur** prend notre commande.

La **cheffe** prépare notre repas.

Le **débarrasseur** prend la vaisselle sale.

Le **plongeur** lave la vaisselle.

Nous payons notre repas quand nous avons terminé.

CRABTREE
Publishing Company

Autrice : Alicia Rodriguez
Conception : Rhea Wallace
Développement de la série :
James Earley
Correctrice : Janine Deschenes
Conseils pédagogiques :
Marie Lemke M.Ed.
Traduction : Annie Evearts
Coordinatrice à l'impression :
Katherine Berti
Références photographiques :
Shutterstock : Edvard Nalbantjan : couverture (haut gauche); Merla : couverture (haut droite); gpointstudio : couverture (bas); Yakobchuk Viacheslav : p. 5, 14; zEdward_Indyn : p. 6, 14; Moneky Business Images : p. 9, 14; Paul Vasarhelyi : p. 10, 14; wavebreakmedia : p. 11, 14; Andrey Popov : p. 13

LE RESTAURANT

Crabtree Publishing Company
www.crabtreebooks.com 1-800-387-7650

Publié aux États-Unis
Crabtree Publishing
347 Fifth Avenue
Suite 1402-145
New York, NY, 10016

Publié au Canada
Crabtree Publishing
616 Welland Ave.
St. Catharines, Ontario
L2M 5V6

Imprimé au Canada/072021/CPC

Catalogage avant publication de Bibliothèque et Archives Canada
Titre: Le restaurant / Alicia Rodriguez ; texte français d'Annie Evearts.
Autres titres: Restaurant. Français
Noms: Rodriguez, Alicia, auteur.
Description: Traduction de : Restaurant.
Identifiants: Canadiana (livre imprimé) 20210256001 | Canadiana (livre numérique) 20210256052 | ISBN 9781039605022 (couverture souple) | ISBN 9781039605084 (HTML) | ISBN 9781039605145 (EPUB) | ISBN 9781039605206 (livre numérique avec narration)
Vedettes-matière: RVM: Restaurants—Ouvrages pour la jeunesse.
Classification: LCC TX945 .R7314 2022 | CDD j647.95—dc23